www.ingramcontent.com/pod-product-compliance
Lightning Source LLC
LaVergne TN
LVHW010824051026
849532LV00007B/2619
* 9 7 8 9 3 6 9 0 8 0 4 1 0 *

مصداق

(نعتیہ کلام)

راہی فدائی

Misdaaq *(Poetry)*
by: Rahi Fidai
Edition: September '2025
Publisher :
Taemeer Publications LLC (Michigan, USA / Hyderabad, India)

ISBN 978-93-6908-041-0

9 789369 080410

کتاب	:	**مصداق** (نعتیہ کلام)
مصنف	:	**راہی فدائی**
صنف	:	شاعری
ناشر	:	تعمیر پبلی کیشنز (حیدرآباد، انڈیا)
سالِ اشاعت	:	۲۰۲۵ء
صفحات	:	۱۱۲
سرورق ڈیزائن	:	تعمیر ویب ڈیزائن

اِنتساب

صدیقِ محترم مولانا قاضی سیّد عنایت اللہ باقوی ظہیرؔ میلانی زیدِ مجدہٗ

شفیقِ مکرم عالیجناب رزّاق افسر صاحب زید لطفہٗ

محبّ مشفق عالیجناب شیخ غوث محی الدّین سحرؔ زید قبلہٗ

فہرست

تعارف

• ڈاکٹر
مولانا سید قدرت اللہ باقوی
ایم۔اے (اردو) ایم۔اے
(عربی) پی۔ایچ۔ڈی

عہد جدید کی اردو شاہراہ پر جس قدر راہ پیما نظر آرہے ہیں ان میں مولانا راہی محتاج تعارف نہیں ہیں جنوبی ہند کے اس نوجوان ادیب و شاعر کا آبائی وطن آندھرا ہے تو علمی گہوارہ تامل ناڈو مگر ازدواجی رشتہ کرناٹک سے وابستہ ہے آپ کے ادب پارے "تسلسلِ تصنیف"، "تامل ترقیم" وغیرہ جنوبی ہند کی سرحدوں سے عبور کر کے شمالی ہند میں بھی خراج تحسین حاصل کر چکے ہیں۔ مولانا راہی بنیادی طور پر غزل گو شاعر ہیں اس کے باوجود آپ جس صنف سخن پر قلم اٹھاتے ہیں۔ اس صنف کا فطری رچاؤ اور لب و لہجہ باقی رکھتے ہیں عام طور پر آپ کی شاعری میں بہ یک وقت داخلی اور خارجی محسوسات کی لطافت پائی جاتی ہے۔ جدیدیت کو اپنانا ہر ادیب یا شاعر کے بس کی بات نہیں ہے یہ وہی کر سکتا ہے جو علوم متداولہ پر پوری طرح حاوی ہوتا ہے جس کی نظر ادب کے فنی پہلوؤں پر گہری ہوتی ہے اور جسے زندگی کے ارد گرد بکھرے ہوئے ناقابل حل مسائل کو شعوری اور لاشعوری طور پر مرتب کرنے کی صلاحیت وہبی طور پر عطا ہوتی ہے۔

زیر نظر "مصداق" "مذکر القدر حقائق کا مصداق" ہے یہ مجموعہ کلام بیس نعتوں اور بائیس آزاد نظموں پر مشتمل ہے۔ راہی فدائی نے بارگاہ رسالت صلی اللہ علیہ وسلم میں صاف و شستہ زبان میں عقیدت کے پھول برسائے ہیں نعتوں میں والہانہ عقیدت اور نیاز مندانہ وارفتگی کا اظہار ہے جس کے ایک ایک لفظ سے محبت و شیدائیت ٹپکتی ہے دربار نبوی سے جو لگاؤ

ہے اس میں داخلی کیفیت کا بے پناہ شوق واضح ہوتا ہے۔ ؎

ہم سے پوچھے کوئی بندوق کی زد پر آقا
بے خطر کہہ دیں گے ہم، تیری قسم، تیرے ہیں
فکرِ راہی کو پر و بال عطا کرتا رہا
علم و فن تیرے ہیں قرطاس قلم تیرے ہیں

راہی بذاتِ خود پاکیزہ اور علمی زندگی گذارتے ہیں اسی پاکیزگی و شستگی میں ان کی شخصیت نمایاں ہوتی ہے۔ زندگی کے تجربات، زمانے کی دھوپ چھاؤں، سماجی و سیاسی نشیب و فراز غرض ہر زاویۂ حیات کا خاکہ پیش کرتے ہوئے بارگاہِ نبوت میں طمانیت کے متلاشی ہوتے ہیں۔ ؎

قدم قدم پہ ضلالت کی دھند چھائی ہے
بس ایک آپؐ کا جادہ ہے روشنی کے لئے
ہے اختلاف کے نرغے میں امّتِ بیضا
دعا حضورؐ کریں، ربطِ باہمی کے لئے

نعت دراصل اصنافِ سخن میں ایک مبارک و مسعود صنف ہے جس سے روحانی تسکین ہوتی ہے مگر اس صنف پر طبع آزمائی کرنے میں کافی احتیاط برتنی پڑتی ہے شاید اسی لئے مولانا راہی ایک جدید شاعر ہونے کے باوجود اپنا نعتیہ کلام روایتی زبان میں پیش کیا ہے تاکہ احتیاط کا دامن چھوٹ نہ جائے یہ امر روزِ روشن کی طرح واضح ہے کہ حضور پرنورؐ صلی اللہ علیہ وسلم کی ذاتِ گرامی عالمِ بشریت کی وہ روشن و تابناک ہستی ہے جس کے دربار میں نذرانۂ عقیدت پیش کرنے کا سلسلہ چودہ سو سال سے دنیا کی ہر زبان میں ملتا ہے جس سے مسلمان کا تعلق رہا ہے۔ ہر ملک میں پایا جاتا ہے جہاں مسلمان بستے آئے ہیں اور ہر زمانے میں پایا جاتا ہے۔ جس میں مسلمان سانس لیتا رہا ہے۔

نعتِ فن اور مواد کے لحاظ سے ایک بابرکت ادبی شہ کار ہے مگر اس پر قلم اٹھانا

محبوب بھی ہے اور مشکل بھی، مشکل اس لئے کہ اس صنف کا موضوع سرکارِ دو عالم صلی اللہ علیہ وسلم کی ذاتِ بابرکت ہے جن کے اوصاف و خصائل اور شمائل و عادات کی تصویر کشی کرنے کے لئے الفاظ مفلوج نظر آتے ہیں فکر و خیال کی بلند پروازیاں ناکافی ہوتی ہیں فصاحت و بلاغت کے میدان میں باادب داخل ہونا پڑتا ہے تشبیہ و تمثیل کے انتخاب میں انتہائی احتیاط لازم ہو جاتی ہے استعارہ و کنایہ کے حدود میں پھونک پھونک کر قدم رکھنے کی ضرورت پڑتی ہے۔ جناب رسالت مآبؐ میں زبان کشائی یا قلم فرسائی پر خدائی شرائط و پابندیاں لگی ہوئی ہیں افراط میں کفر کی حدیں دکھائی دیتی ہیں تو تفریط میں گستاخی کا احتمال ہے بلکہ ایمان کا متزلزل ہونا لازمی ہے بلکہ اعتدال و اظہارِ حقیقت میں احتیاط شرط اولین ہے چنانچہ کسی نے کیا خوب کہا ہے۔ ؎

ہزار بار بشویم زباں بہ مشک و گلاب
ہنوز نام تو گفتن کمال بے ادبی ست

کسی عاشقِ رسولؐ نے کھلے الفاظ میں اعلان کیا ہے۔

؎ با خدا دیوانہ باش و با محمدؐ ہوشیار

مولانا راہیؔ نے چھوٹی اور متوسط بحروں میں آسان و عام فہم الفاظ میں نہایت احتیاط کے ساتھ بارگاہ رسالت مآب میں نذرانۂ عقیدت پیش کیا ہے؟

عرش و لوح و قلم محمدؐ کا :؛. خود مکین حرم محمدؐ کا
پر لو تیری ذات ہے قرآں ترے صفات
راہیؔ بھلا ہو کس کا ثنا خواں ترے بغیر

راہیؔ نے آیات ربانی و احادیث نبوی کے حسین ترجموں سے بھی کام لیا ہے مثلاً کُنتُ کَنزاً مخفِیاً فَاَحبَبتُ اَن اُعرَفَ فَخَلَقتُ الخَلقَ ۔ ۔ ۔ اول ما خلق اللہ نوری ۔ ۔ ۔ کو اس طرح نظمایا ہے۔ ؎

8

مدّت سے ورنہ مخفی و گمنام تھا احد
احمدؐ جو آئے ظاہر و مشہور ہوگیا

خاتم النبینؐ.... نہ آئے گا جہاں میں کوئی مُرسل، نبی کوئی
خلائق کے لئے خالق کی حجّت ختم ہے تم پر
سبحان الذی اسریٰ.. تمہیں تو ہو معزز مہمانِ لامکاں آقاؐ
شب اسریٰ کی ذی شوکت سیاحت ختم ہے تم پر

لایؤمن احدکم حتیٰ.... آپؐ پر قربان ہیں سب جان و مال و والدین
اصل ایماں ہے محبت سرورِ کونینؐ کی

تلمیح معجزہ:- آدمی کی حیثیت کیا حکم کی تعمیل میں
سرنگوں ہو کر چلے آئے شجر یا مصطفیٰؐ

غرض نعتیہ کلام صاف زبان، شُستہ الفاظ، مانوس تلمیحات اور آیات واحادیث کے حسین و دلکش ترجمہ پر مشتمل ہیں

اظہارِ عقیدت میں مولانا راہی فنا فی الرسولؐ کی سرحد میں داخل ہوتے نظر آتے ہیں بہر کیف سلاست و سلیقہ مندی میں کہیں بے ربطی نظر نہیں آتی۔

مصداق کا دوسرا حصّہ بائیس۲۲ آزاد نظموں پر مشتمل ہے نظموں کے عنوانات خود شاعر کی شخصیت و ماحول کی عکاسی کر رہے ہیں۔

دینی شخصیت : ظھر الفساد، واعتصموا، دعویٰ مع الدلیل. معجزہ وغیرہ
علمی شخصیت : معنیٰ بے معنیٰ، بارگراں، عالم اصغر، جہل مرکب۔
ادبی شخصیت : تخم نارسیدہ، نقرئی ہڈیاں، نگاہِ معکوس

ظہرالفساد، معجزہ، نقرئی ہڈیاں، میں سیاسی حالات کا نچوڑ ہے، ماضی میں زمانے کی کہانی، خود غرضی میں انسانی کردار۔ عالم اصغر میں تاریخ معاشرت، ایڈز میں جیسی صحبت ویسا پھل اور بعض نظموں میں معرفت کی علمی و روحانی جھلکیاں نظر آرہی ہیں۔

اردو نظم ہیئت، اسلوب اور مواد کے لحاظ سے نئے نئے افق تلاش کر رہی ہے عہد حاضر کے جدید شاعروں نے روایتی زبان کو بالکل خیرباد کہہ دیا ہے بقول عبدالرحمٰن بجنوری الفاظ وہ خشت و گل اور چوب و آہن ہیں جن سے ادبیات کی عمارت عبارت ہے۔ شاعر کا کلام اسی عمارت میں محصور ہوتا ہے اور شاعر اس میں خارجی و داخلی تصورات کو جوڑ کر قاری سے رشتہ قائم کر لیتا ہے مولانا راہی ایک اچھے فنکار ہیں ان کی حق گوئی اور بیباکی اظہارِ خیال کے لئے آزادی چاہتی ہے دراصل فنکار کو جو چیز عام لوگوں سے ممتاز کرتی ہے وہ یہ ہے کہ اس کی فطرت میں تاثر و تفکر کا مادہ زیادہ ہوتا ہے وہ اپنے عہد کے حالات و واقعات، زندگی کے تجربات، مشاہدات، محسوسات و جذبات کو الفاظ کے قالب میں ڈھالتا ہے جس میں فن و مقصد کا عمل و ردِ عمل رد پذیر ہوتا ہے بالآخر یہی ادب کا جمالیاتی تاثر فن کار کی جگر کاری کا نتیجہ بن جاتا ہے مولانا راہی کو لامحالہ اپنی شخصیت میں ابھرنے والی سیمابی اور آتشیں لہروں کو قید کرنے کے لئے لفظوں کی علامتی قوت سے کام لینا پڑا ہے اسی لئے وہ استعاراتی زبان کا سہارا لیتے ہیں۔

یہ تو بالکل واضح بات ہے کہ شاعری میں تشبیہ، استعارہ، مجاز مرسل، تجسیم کی زبردست اہمیت ہے چونکہ راہی کو اردو، عربی اور فارسی میں ید طولیٰ حاصل ہے۔ لہٰذا آپ کی شاعری میں استعارہ سازی کا رجحان غالب ہے آپ کی استعارہ سازی میں ایک خیال ابھرتا ہے اور ایک تصویر بنتی ہے ان دونوں کے امتزاج سے آپ کی نظموں میں طلسماتی سماں بندھتا ہے استعاراتی زبان میں رمزیت اور اشاریت کی بہتات ہوتی ہے مولانا راہی کی بصارت و بصیرت دراصل حیات و کائنات سے ٹکراتی ہیں

اس ٹکراؤ سے اسرار و رموز کے اشرار جگمگ جگمگ کرتے ہیں جس سے الکشافِ ذات ہوتا ہے، مولانا راؔہی اپنے خیالات اور الفاظ کے انتخاب میں توازن ملحوظ رکھتے ہیں جس کی وجہ سے ان کے کلام میں تازگی و توانائی محسوس ہوتی ہے آپ کا کلام آپ کی پاکیزہ روح کا حسین پرتو ہے اور اس کی تابناکی اور آہنگ کا انوکھا پن ہر جگہ نظر آتا ہے اور یہی "مصداق" کی نظموں کا کمال ہے۔

مقدمہ

مضطر مجاز

میں جب بھی راہی فدائی کی شاعری پڑھتا ہوں تو مجھے ڈائیلان تھامس' کی ایک بات یاد آتی ہے کہ "میں شاعری اس لئے کرتا ہوں کہ مجھے لفظوں سے عشق ہو گیا ہے لفظ شاعری کا بنیادی اوزار ہے"، جس طرح رنگ اور موقلم مصور کا' سازینہ موسیقار کا، اور ہتھوڑی مجسمہ ساز کا' بڑی مشکل ان دنوں یہ پیش آ رہی ہے کہ ہمارے بیشتر شعرا کو اپنے اوزار (لفظ، زبان، فن، بیان) پر کوئی قابو ہی نہیں پھر بھی کوئی قانون انھیں شاعری کرنے سے روک نہیں سکتا. نتیجتاً آبروئے شیوۂ اہل نظر، مٹی میں ملی جا رہی ہے ایسی جرأت مندی کا مظاہرہ دوسرے فنونِ لطیفہ میں ممکن نہیں لیکن جہاں فرشتے پاؤں دھرتے لرزتے ہیں وہاں ہمارا شاعر بڑی دیدہ دلیری سے جوتیوں سمیت آنکھوں میں گھسا چلا آتا ہے یہ" اکابر" کبھی گلے بازی کے زور پر (گلے بازی میں گانا بجانا ہی نہیں، چیخ پکار بھی شامل ہے) کبھی تعلقات عامہ کے سہارے اور کبھی نقادانِ شعر و ادب کے اکل و شرب کا اہتمام کر کے اپنی ڈھنڈوری پٹواتے رہتے ہیں. بلکہ اب ایک نیا شعبہ بھی نکل آیا ہے جسے بھوت نگاری (Ghost Wirting) کہتے ہیں.

جس کے سہارے بڑے بڑے مشاعروں اور دوردرشن تک رسائی آسان ہوگئی ہے مگر یہ ظاہر ہے کہ کچے گھڑے ان ماڈرن راہنماؤں کو سفاک وقت کے اس بحرِ ذخار سے قدر ودوام کے ساحل تک صحیح سلامت نہیں پہنچا سکتے اور موسمی حشرات الارض کی طرح اپنا راگ الاپ کر ختم ہوتے ہیں۔ راہی فدائی نے نہ گلے بازی کا سہارا لیا ہے نہ تعلقات عامہ کا اور نہ اکل و شرب کا۔ اس کا سوال ہی پیدا نہیں ہوتا کہ موصوف شدید قسم کے زاہد مرتاض واقع ہوئے ہیں لیکن ایسے زاہدانِ فلک مآب میں سے بھی نہیں جیسے ابنِ انشا ایک متقی بادشاہ کے بارے میں کہتے ہیں "جس نے نہ ایک نماز قضا کی نہ ایک بھائی کو زندہ چھوڑا" ان کے مزاج میں رعونت خشونت نہیں بلکہ وہ ملائمت و ملاطفت ہے جو خلق خدا کو کہربا کی طرح اپنی طرف کھینچتی ہے۔ ان کا مبلغ علم بہت وسیع ہے۔ عربی کے وہ اسکالر تو ہیں ہی۔ فارسی اور اردو ادب کا ان کا مطالعہ بھی خاصہ وسیع ہے پھر انگریزی ادب سے واقفیت نے سونے پر سہاگہ کا کام کیا ہے اردو ان کے گھر کی باندی نہیں بلکہ مادری زبان ہے اور یہی سبب ہے کہ وہ اس کے ساتھ باندیوں کا سا سلوک کبھی روا نہیں رکھتے۔ اچھی شاعری کے لئے رشید صدیقی نے کم سے کم تین زبانوں سے واقفیت کو ضروری قرار دیا ہے۔ حسن اتفاق سے راہی اس پیمانے پر پورے اترتے ہیں۔

ان کی شاعری کا حاوی جذبہ (Dominating Passion) اُن کی مذہبی حسیت (Religious Sensitivety) ہے جدیدیت کی سب سے بڑی دین یہی ہے کہ ترقی پسند تحریک نے ہمارے ادب سے جس اعلیٰ وارفع جذبے کو دیس نکالا دیدیا تھا۔ جدیدیت نے اسے اس کے مقام پر لا بٹھایا یعنی (Re-instal) کردیا۔ سوچنے والی بات یہ بھی ہے کہ ان "اکابر" نے ہمیشہ صرف اسلامی اقدار ہی کو اپنے طنز و ملامت کا ہدف بنایا۔ اس خطۂ ارض کے دوسرے مذاہب کی جو حمقیات (Idiosyncrcies) ہیں ان پر کبھی بھول کر بھی کوئی تبصرہ نہیں کیا۔ یہ ایک عجیب و غریب صورت حال تھی اور عجیب روحانی گھٹن جو تین چار دہائیوں تک ہمارے شعر و ادب

مسلط رہی، راہی فدائی کی شاعری میں یہی جذبہ سب سے زیادہ کارفرما ہے اور یہی احساس ہے جو معاشرے کی ناہمواری کو شدت سے ان کے ضمیر میں اجاگر کرتا ہے جس نے ان کے لہجے میں طنز کی ایک تیکھی کاٹ پیدا کر دی ہے (دیکھئے تصنیف "اتا مل ...)

زیر نظر مجموعہ ان کی نعتوں پر مشتمل ہے جن کے ساتھ چند نظمیں بھی شامل کر لی گئی ہیں۔ ساری نعتیں عشقِ رسولؐ سے عبارت ہیں اور عشقِ رسولؐ کے بغیر ایمان کا تصور ہی ممکن نہیں ہے

اگر بہ او نہ رسیدی تمام بولہبی ست!

ایمان کے باب میں امام بخاریؒ فرماتے ہیں کہ یہ کم اور زیادہ ہوتا رہتا ہے چنانچہ ان نعتوں میں کہیں شدت وحدت ہے تو کہیں سکینت و تمکنت۔ یہ ایک میدانی دریا ہے جس کی خوش خرام موجیں گھٹتی بڑھتی رواں دواں ہیں۔ یہی موجیں اس دریا کی ہستی کا ثبوت بھی ہیں اور جواز بھی ہے

ہستم اگر می روم گر نہ روم نیستم

عشق اور وہ بھی عشق رسولؐ کسی تبصرے، تحقیق اور تدقیق سے ماورا ہے یہ تو صرف بہ قدرِ ظرف و حوصلہ تحسین کا تقاضا کرتا ہے اور بس!

اس قدر ضرور کہا جا سکتا ہے کہ شاعر اپنے پورے جذب و کیف کے باوصف "با محمدؐ ہوشیار" کی منزلوں سے بہ آسانی گذر گیا ہے۔

آیئے اب نظموں پر بھی سرسری نظر ڈالیں۔ اس مجموعہ میں جملہ (۲۲) نظمیں ہیں بعد ایسا محسوس ہوتا ہے کہ یہ شاعر کے روحانی اور وجدانی سفر نامے کے مختلف کینوا ز ہیں ان میں بندے کے خدا سے ربط کا احوال بھی ہے۔

(نظم: معنی ــ بے معنی) اور انسان کی تلاش بھی (نظم: سنگدلی) بہتر۔

انسان کی تلاش ہر بڑے ادیب اور شاعر کا ماٹو رہا ہے۔ چاہے وہ دام و دد سے ملول، انسان کی آرزو میں سرگرداں رومی ہو یا آدم کی تلاش سے روگردانی کر کے خدا کو ڈھونڈنے والے کا شاکی اقبال (بہ آدمے نہ رسیدی خدا چہ می جوئی) سارا ادب عالیہ اسی اعلیٰ و ارفع جذبے کا اعلامیہ ہے وہ "گمشدہ جنت" ہو کہ "طربیہ خداوندی"

یا "جاوید نامہ" "سیر فلک الافلاک کے پردے میں ایک بہتر انسان کی تلاش ہی تو ان کا اصلی منظر نامہ ہے راہی ان عظیم روحوں کا ہمسفر نہ سہی لیکن اس قافلۂ شوق کا راہی ضرور ہے اس کی نظر خشکی اور تری میں ہونے والے اس فساد پر بھی ہے جو انسان ہی کے کالے کرتوتوں کا نتیجہ ہے (نظم ظہر الفساد) اور اس انسان کش عالمگیر بیماری ایڈز نہ پر بھی (نظم ایڈز) اور اس عصری انحطاط زدہ سماج پر بھی، خود غرضی جس کا طرۂ امتیاز ہے (نظم خود غرضی) — یہ نظمیں چیخ چیخ کر کہہ رہی ہیں کہ ان کا خالق ایک نہایت باشعور انسان ہے جس نے اپنے مشاہدات اور تجارب کو اپنے ضمیر اور لاشعور کی بھٹی میں تپا کر ان کو نظموں کی شکل میں پیش کر دیا ہے۔ اس کی نظر زندگی کے ہر بلند و پست پر ہے اس کے موضوعات اس کے اطراف سے اٹھائے ہوئے ہیں اس کے قدم اسی زمین پر مضبوطی سے جمے ہوئے ہیں وہ کسی "اندیشہ ہائے افلاکی" کا شکار نہیں، جب ہم مذہبی حسیت کی بات کرتے ہیں تو لوگ خصوصاً ہمارے ترقی پسند بھائی اس غلط فہمی کا شکار ہو جاتے ہیں کہ یہ دراصل وہی "اساسیت پسندی" ہے جس کا امریکہ اور اسرائیل اور اس کے حواری ساری دنیا میں بڑا ڈھنڈورا پیٹتے پھر رہے ہیں۔ ستم ظریفی یہ کہ وہ ان عصری استعماری عفریتوں کے ہم نوا ہو جاتے ہیں جبکہ یہ مذہبی حسیت اخوت اور بھائی چارگی ہے نفرت اور آوارگی نہیں، دردمندی اور دل گدازی ہے تفریق پسندی اور نعرہ بازی نہیں، اس کا رشتہ خدا کے گھروں کی آبادی سے ہے ان کی بربادی سے نہیں، یہ بھی سمجھا جاتا ہے کہ مذہبی حسیت سے مملو شاعری دراصل چند دور از کار مبہم روحانی مدرکات (obscuratism) کا ایک پٹارہ ہے اور بس! —

راہی کی یہ نظمیں اس غلط طرز فکر پر ایک خط تنسیخ کھینچتی ہیں۔ راہی کے موضوعات بھی وہی ہیں جو کسی بھی ترقی پسند شاعر یا ادیب کے ہو سکتے ہیں لیکن راہی اول و آخر شاعر ہے وہ کسی "ازم" کا ڈھنڈورچی نہیں بلکہ انسانیت کا عاشق ہے جس کا دل درد سے چور ہے۔ اس کا اظہار علامتی اور اشارتی ہے۔ اگرچہ دقت

15

"برہنہ گفتنی کا ہے مگر اس نے "کنائے" سے کام لیا ہے اس نے شاعری کو صحافت ہونے نہیں دیا ترقی پسند شعر و ادب کا انجام اس کے سامنے ہے اس کے شعور نے ایسے بیانیہ طرز اظہار سے صاف دامن بچا لیا ہے جو دو اور دو کو جمع کر کے چار بتا دیتا ہے جبکہ فنکار کے حساب و کتاب سے دو اور دو پانچ بھی ہوتے ہیں اور سات بھی! اس قسم کی علامتی شاعری میں ایک خطرناک کھڈ بھی آتا ہے جبہیں شاعر اپنے چند مخصوص اور پسندیدہ علائم کا اسیر ہو کر رہ جاتا ہے جن کی تکرار اس کے فن کو بوجھل بنا دیتی ہے۔ راہی نے بڑی ہوش مندی کا مظاہرہ کرتے ہوئے ایسی بیڑیوں کو اپنے پاؤں میں پڑنے نہیں دیا یوں اس کی چال ہی میں فرق پڑا نہ زبان ہی میں لکنت آئی۔ اس کے سامنے علامتوں اور استعاروں کی ایک عظیم دنیا ہے ہر نظم نت نئے علائم کے زیورات لے کر اس پر القا ہوتی ہے جن سے وہ اپنی عروسِ اظہار کو سنوارتا چلا جاتا ہے۔ چند مثالیں ہے

خدشات کی آنکھ، مردہ احساس کی نقرئی گھنٹیاں
(نظم: نقرئی گھنٹیاں)

نیلی بھوک، سوکھی خواہش
(نظم: نیرنگی)

خنازیر وساوس (نظم: نگاہِ معکوس)

بے تابی کی برف، کرنوں کا فن کار (نظم: المیہ)

گفتگو کا آغاز ہم نے راہی کے لفظ کے عشق سے کیا تھا مگر ان کا یہ عشق جوش والا لفظوں کا عشق نہیں جس میں اسماء اور صفات کے مردہ ڈھانچوں کا ایک مینار تیار کر لیا جاتا ہے جو کہ مر روح کے پول ہاٹ کی یاد دلاتا ہے راہی کا لفظ سے عشق عربی ادب کے مطالعہ کی دین ہے جس کا تعلق فصاحت و بلاغت سے ہے طلاقت و غرابت سے نہیں ان کی شاعری محض طلاقت لسانی کا مظاہرہ نہیں۔ جس میں

اگرچہ کہیں کہیں غرابت آگئی ہے خصوصاً ابتدائی شاعری میں، لیکن رفتہ رفتہ وہ کم بھی ہوتی چلی گئی ہے۔ بعد کے مجموعے میری اس بات کی گواہی دیں گے۔ لفظ کے بغیر تو شاعری کا تصور ہی نہیں کیا جا سکتا تاہم شاعری موسیقی تو ہو سکتی ہے لیکن موسیقی شاعری نہیں ہو سکتی لفظ کے جمِ پر قابو پائے بغیر اگر شاعری کی جائے تو اس سطلی عمل سے سب سے پہلے عامل (شاعر) شکار ہو کر چاروں خانے چت ہو جاتا ہے۔ مولانا رومؒ نے بھی لفظ کی اہمیت کی طرف اشارہ کیا ہے وہ لفظ کو گھونسلہ اور معنی کو طائر قرار دیتے ہیں معنی کا طائر کتنا ہی فضاؤں میں اڑے بسیرا تو اسے اپنے گھونسلے ہی میں کرنا پڑتا ہے یا جیسے جسم اور روح کا رشتہ ہوتا ہے۔

لفظ چوں وکراہت و معنی طائراست، جسم جوئے، روح آبِ سائراست

جس طرح روح کے نقاش کا کمال، جسم کے کینوس ہی پر

کھلتا ہے اسی طرح معنی کی چمک دمک لفظ کے آئینے ہی میں دیکھی جا سکتی ہے راہی قابل مبارک باد ہے کہ اس نے اس آئینے کو مجلّا اور مطلا کر لیا ہے لیکن ابھی اس کی شاعری کی مسیں ہی بھیگی ہیں ابھی تو کہیں کہیں اس کے سبزۂ خط سے کاکل سرکش دب رہا ہے لیکن مجھے یقین ہے کہ ایک دن یہ زمرّد حریف دم افعی ہو کر رہے گا۔

نعتیں

فکرِ شاعر کہ مہبطِ انوار
شعر تیرے کہ آیتوں کا نزول
(استاذی علامہ فدوی باقوی مدظلہٗ)

عرفیؔ مشتاب ایں رہِ نعت است نہ صحرا است
آہستہ کہ رہ بردمِ تیغ است قدم را
ہشدار کہ نتواں بیک آہنگ سرودن
نعتِ شہہ کونین و مدیحِ کے وجمؔ را

(۱)

لاکھ بدکار ہیں جو کچھ بھی ہیں، ہم تیرے ہیں
اک ادھر بھی بخدا چشمِ کرم تیرے ہیں

میں نے رکھا ہے انھیں دل کے نہاں خانے میں
مرے محبوبِ خُدا دیکھ یہ غم تیرے ہیں

ہم سے پوچھے کوئی بندوق کی زد پر آقا!
بے خطر کہدیں گے ہم، تیری قسم تیرے ہیں

تو ہے بے عینِ عرب، رب بھی ترا شیدائی
رہِ عرفاں ہو کوئی، نقشِ قدم تیرے ہیں

شاہِ دیں سرورِ کونین، ہے تو جانِ جہاں!
کل بشر بندۂ بے دام و درم تیرے ہیں

کون پوچھے گا انھیں، کس کی دہائی دیں وہ
شاہِ کونین! گرفتارِ الم تیرے ہیں

فکرِ راہیؔ کو پر و بال عطا کر شاہا!
علم و فن تیرے ہیں، قرطاس و قلم تیرے ہیں

(۲)

چشمِ کرم! غموں سے پریشاں ہیں مصطفےؐ!
ہم آپ کے غلامِ غُلاماں ہیں مصطفےؐ!

اے دل نہ چھوڑ دامنِ محبُوبِ کبریاؐ
تریاقِ زہر، درد کے درماں ہیں مصطفےؐ

سرکارؐ آسمانِ رسالت کے تاجدار
انجم رسُل ہیں، نیّرِ تاباں ہیں مصطفےؐ

ہم مفلسوں کی آپؐ کے دَر پر قطار ہے
حیرت ہے اس قطار میں شاہاں ہیں مصطفےؐ

اک آپؐ ہی کے روئے منوّر کی ہے ضیا
تنویرِ صبح، حُسنِ بہاراں ہیں مصطفےؐ

ملبوس جامۂ بشری میں ہیں، اصل میں!
نوری نژاد، مظہرِ یزداں ہیں مصطفیٰؐ

لوح و قلم، زمان و مکاں اور لامکاں
رُوح و رواں ہیں سب کی رگِ جاں ہیں مصطفیٰؐ

"والّیل" زلف ہیں، رُخِ زیبا ہے "وَالضحیٰ"
قرآں گواہ حاصلِ قرآں ہیں مُصطفیٰؐ

بے خوفِ سمت آپ کا راہی ہے گامزن
ہر چند رہ میں خارِ مغیلاں ہیں مُصطفیٰؐ

(۳)

عشقِ نبیؐ! احیات ہے زنداں ترےؐ بغیر
کب ہو سکا ہے گھر یہ چراغاں ترےؐ بغیر

انسانیت کے مدعی لاکھوں ہوئے مگر
انساں نہ بن سکا کوئی انساں ترےؐ بغیر

کتنا کوئی موحدِ اعظم ہی کیوں نہ ہو۔
کہلائے گا نہ صاحبِ ایماں ترےؐ بغیر

تو وجہِ کن فکاں ہے تو ہی جانِ کائنات
معدوم تھا یہ عالمِ امکاں ترےؐ بغیر

داعی بھی، عینِ دعوتِ اللہ بھی ہے تُو
کس کو بنائیں زیست کا عُنواں ترے بغیر

سجدے ابوالبشر نے کئے سینکڑوں برس
حاصل نہ کی عنایتِ یزداں ترے بغیر

خضرِ رہِ نجات! تو ہی باعثِ نجات
یکسر عبث ہے خُلد کا ارماں ترے بغیر

پُر نور تیری ذات ہے قرآں ترے صفات
راہیؔ بھلا ہو کس کا ثنا خواں ترے بغیر

(۴)

عرش و لوح و قلم محمدؐ کا
خود مکینِ حرم محمدؐ کا

غمِ دنیا کی وسعتیں کیا ہیں
بے کراں ہے کرم محمدؐ کا

ان کے قول و عمل کے کیا کہنے
ہر اشارہ اہم محمدؐ کا

چاند تاروں کو دیکھنے والے
دیکھ نقشِ قدم محمدؐ کا

26

ساری دنیا کا غم مجھے کیوں ہو
راحتِ جاں ہے غم محمدؐ کا

صورت و ذات کے تو کیا کہنے
نام بھی محترم محمدؐ کا

فرش پر اک قدم شبِ اسریٰ
عرش پر اک قدم محمدؐ کا

عاصیو! در بدر نہ بھٹکو تم
وا ہے بابِ کرم محمدؐ کا

جاگ اٹھے ہیں بخت راہی کے
قرب ہے دم بدم محمدؐ کا

۵

کرم کی اک نظر کیجیے خدارا یا رسولؐ اللہ
بصد امید ہے راؔہی تمہارا یا رسولؐ اللہ

پریشاں، بے سہارا حشر میں مخلوق جب ہوگی
شفاعت آپکی ہوگی سہارا یا رسولؐ اللہ

زبانِ قدس سے تاباں مقدر دونوں عالم کا
حیات افزا تمہارا ہر اشارہ یا رسولؐ اللہ

یقیناً آپ کے اسمِ گرامی کے وسیلے سے
ملے گا کور چشموں کو نظارا یا رسولؐ اللہ

وہی مہرِ ہدایت بن گیا صحبت کی برکت سے
جو تھا کفر و ضلالت کا شرارا یا رسولؐ اللہ

شہہِ کونین و فیاضِ مکان و لامکاں رہکر
ہمیشہ فقر و فاقہ میں گزارا یارسول اللہ

سعادت روضۂ اطہر کے بوسے کی جو مل جائے
مقدر رشکِ انجم ہو ہمارا یارسول اللہ

فرشتوں نے جگایا قبر میں راہیؔ فدائی کو
تو اس نے مضطرب ہوکر پکارا یارسول اللہ

٦

اے حاملِ اسرارِ دنیٰ ''احمد مختارؐ!

وصف آپؐ کا ''لَوْلَاکَ لَمَا'' احمد مختارؐ!

والشمس ہے اک تذکرۂ روئے منور

''وَاللَّیل'' خمِ زلفِ دوتا احمد مختارؐ!

انوار و تقدس میں ہے فردوس سے بڑھ کر

واللہ مدینہ کی فضا احمد مختارؐ!

کونین کے سرتاج ہیں دارین کے سردار!
آقا مرے، محبوب خدا احمد مختارؐ!

مہر و مہ و انجم ہو، گُل و برگ و ثمر ہو
اک آپؐ سے عالم کی بقا احمد مختارؐ

حقدار وہی آپؐ کے الطاف و کرم کا
جو آلؑ سے کرتا ہے وفا احمد مختارؐ

نسبت ہی کہاں خاک کو نورِ نبویؐ سے
مجبورؔ کجا اور کجا، احمد مختارؐ

افلاک کی تسخیر بھی ہو جائے گی آسان
نعلین کا صدقہ ہو عطا احمد مختارؐ

31

مخلوق کرے آپؐ کی توصیف عجب کیا؟
کرتا ہے ثنا "ربِّ علیٰ" احمد مختارؐ

کچھ نعتِ مقدس کا سلیقہ ہی عطا ہو
دہلیز پہ ہے فکرِ رسا احمد مختارؐ

منظورِ نظر آپؐ کا ہو تا دمِ آخر
راہیؔ کی بس اتنی سی دُعا احمد مختارؐ

(۷)

نہیں کچھ غم مسلّح آسماں ہے یا حبیبؐ اللہ
سروں پر آپؐ کا جب سائباں ہے یا حبیبؐ اللہ

دلوں میں دور تک کالا دھواں ہے یا حبیب اللہ
مگر غم آپؐ کا آتش بجاں ہے یا حبیبؐ اللہ

بفضلِ حق تعالیٰ آپؐ کے الطاف کا سورج
جہانِ جسم و جاں میں ضو فشاں ہے یا حبیبؐ اللہ

قمر میں مہر و انجم میں، ثمر میں غنچہ و گل میں
بہر جا آپؐ کا جلوہ عیاں ہے یا حبیبؐ اللہ

عطا فرمائیے رحمت کے صدقے میں اسے ساحل
سفینہ اور بحرِ بے کراں ہے یا حبیبؐ اللہ

نہاں خانے میں دل کے آپؐ کی یادوں کے جگنو ہیں
کہ بخت آور جبیں پر کہکشاں ہے یا حبیبؐ اللہ

سراپا حُسنِ زیبا آپؐ کی ذات مقدس ہے
مکاں کیا چیز شیدا لامکاں ہے یا حبیبؐ اللہ

لبِ لعلیں کی جنبش ہے کہ اعجازِ تکلم ہے
نِچھاور آپؐ پر حُسنِ بیاں ہے یا حبیبؐ اللہ

فِدا ہے آپ کے نقشِ قدم پر آپؐ کا راہیؔ
اسے کب احتیاجِ دو جہاں ہے یا حبیبؐ اللہ

۸

آپؐ میں جملہ ارماں ہیں رسولِ عربیؐ
ہم فقط دید کے خواہاں ہیں رسولِ عربیؐ

اصل ہیں منبعِ انوارِ خدائے برتر
چشمِ ظاہر میں تو انساں ہیں رسولِ عربیؐ

آپؐ ہیں رحمتِ کونین و شفیعِ محشر
ہر طرح آپؐ کے احساں ہیں رسولِ عربیؐ

ہفت اقلیم کی شاہی پہ نہیں کچھ موقوف
عرش و کرسی کے بھی سلطاں ہیں رسولِ عربیؐ

ہم تو قابل بھی نہیں چشمِ کرم کے تا ہم
آپؐ کے لطف فراواں ہیں رسولِ عربیؐ

دافعِ کرب و بلا، شافعِ امراض و وبا،
بخدا دَرد کے درماں ہیں رسولؐ عربی

خود ہی خلاقِ دو عالم ہے ثنا خوانی میں
کیا عجب خلق ثنا خواں ہیں رسولؐ عربی

فیصلہ اجنبی و دوست کے حق میں یکسل
صلح و عدل آپؐ پہ نازاں ہیں رسولِ عربی

عابدو! فرضِ مقدم نہ فراموش کرو
طاعت و ورع کی میزاں ہیں رسولِ عربی

چہرہ وَالشمس کی تفسیر ہے گیسو وَالیل
سربسر صورتِ قرآں ہیں رسولؐ عربی

۹

آپؐ شمعِ بزمِ امکاں رحمۃٌ للعالمیںؐ
آپؐ سے پل پل درخشاں رحمۃٌ للعالمیںؐ

چاہ زم زم سے مقدس، حوضِ کوثر سے عظیم
آپؐ کا چاہِ زنخداں رحمۃٌ للعالمیںؐ

در حقیقت ہیں سبھی نعلینِ اقدس کا غبار
ماہ و انجم، مہرِ تاباں، رحمۃٌ للعالمیںؐ

ساری دنیا کی نگاہوں کا بھرم کھل جائیگا
اک نظر سوئے غریباں رحمۃٌ للعالمیںؐ

کیوں نہ نورِ مصطفیٰؐ سے ہوگا عالم فیض یاب
مرأتِ تنویرِ یزداں رحمۃٌ للعالمیںؐ

آنحضورؐ پاک کے در کی گدائی کیا کہیں
ہیچ ہے تختِ سلیماں رحمۃٌ للعالمیںؐ

رقص میں ہے ہر نفس "صلی علیٰ" کی تھاپ پر
نغمۂ تارِ رگِ جاں رحمۃٌ للعالمیںؐ

آپؐ کے راہیؔ کے حق میں پھول بن جائینگے سب
سنگ ہوں، خارِ مغیلاں رحمۃٌ للعالمیںؐ

۱۵

ظلمت کدہ تھا نازشِ صد طُور ہو گیا
دل آپ ہی سے جلوہ گہہِ نُور ہو گیا

مبہُوت ہو گیا ہے نہ مسحُور ہو گیا
دل ان کی رحمتوں سے شرابور ہو گیا

جو آپؐ کے قریب ہوا اس کو رب ملا
رب اس سے دُور آپؐ سے جو دور ہو گیا

38

آقاؐ تو شاہِ کُل ہیں، غلاموں کا قول بھی
شادابیٔ حیات کا دستور ہو گیا

غم آپؐ کا ہے نعمتِ عظمیٰ مرے حضورؐ
جس کو عطا ہوا وہی مسرور ہو گیا

رک جا کہ اب تو جلوۂ آقاؐ نصیب ہو
اے سنگِ ہجر، شیشۂ دِل چور ہو گیا

دیکھی جو آفتابِ رسالتؐ کی اک کرن
باطل چراغ پا ہوا، بے نور ہو گیا

مدّت سے ورنہ مخفی و گمنام تھا احد
احمدؐ جو آئے ظاہر و مشہور ہو گیا

اعجازِ نعتِ سرورِ کونینؐ دیکھئے
راہیؔ سا بدنصیب بھی مبرور ہو گیا

۱۱

وہ سخاوت وہ مروت سرورِ کونین کی
حرزِ جاں ہے یاد حضرت سرورِ کونین کی

صد بلائے ناگہانی، صد عذابِ جاں شکن
ہے مسیحا چشمِ الفت سرورِ کونین کی

آپ پر قربان ہیں سب جان و مال و والدین
اصلِ ایماں ہے محبت سرورِ کونین کی

ماہ و نجم و کہکشاں ہیں انبیاء و اولیاء
مہرِ تاباں ہے نبوت سرورِ کونین کی

رنگِ دنیا آپ سے ہے نورِ عقبیٰ آپ سے
ذرہ ذرہ میں ہے بہجت سرورِ کونین کی

کیا زمین و آسماں ہیں، کیا مکان و لامکاں
سب پہ جاری ہے حکومت سرورِ کونین کی

تا ابد باقی رہے گی عظمتِ آلِ رسولؐ
کس قدر اعلیٰ ہے نسبت سرورِ کونین کی

جسم کے صحرا میں پیاسی رُوح کی درماندگی
آبِ حیواں ہے شریعت سرورِ کونین کی

اپنے اپنے دل کی حالت صاف آئے گی نظر
دیکھ آئینہ ہے صورت سرورِ کونین کی

ذکرِ دنیا جیسے راہیؔ تیرہ و تاریک راہ
نور کا ہالا ہے مدحت سرورِ کونین کی

۱۴

اک نگاہِ لطف آقا اک نظر یا مصطفیٰ
تک رہی ہے راہ تکمیلِ بشر یا مصطفیٰ

آپؐ کے قدموں میں مل جائیں گی ساری نعمتیں
سعیٔ لاحاصل خلاؤں کا سفر یا مصطفیٰ

باوجودِ زہد و تقویٰ آپؐ اگر راضی نہ ہوں
معتبر ہو جائیں گے نامعتبر یا مصطفیٰ

جسمِ اطہر پر پسینے کے جو دیکھے ہیں گہر
شرم سے بے آب ہے سلکِ گہر یا مصطفیٰ

آپ یونہی زحمت نظّارہ فرمالیں اگر
مثلِ مہر و مہ چمک اُٹھیں حجر یا مصطفیٰ ﷺ

آدمی کی حیثیت کیا، حکم کی تعمیل میں
سرنگوں ہو کر چلے آئے شجر یا مصطفیٰ ﷺ

آپ ہی کے نام سے تاثیر پیدا ہو گئی
ورنہ پہلے ہر دُعا تھی بے اثر یا مصطفیٰ ﷺ

جوش، بے باکی، عزیمت، بے گرفتہ ہو گئے
تن میں پھر بھر دیجئے برق و شرر یا مصطفیٰ ﷺ

ہمتِ راؔہی کو کچھ تو ہمت افزائی ملے
ہر قدم ہے حادثوں کی رہگزر یا مصطفیٰ ﷺ

۱۳

طریقت ختم ہے تمؐ پر، طریقت ختم ہے تمؐ پر
مقامِ قربِ رب کی ہر نہایت ختم ہے تمؐ پر

بہ شوقِ بندگی، پائے مُبارک پھول جاتے تھے
یہ اندازِ تعلق، یہ نہایت ختم ہے تمؐ پر

تمہارےؐ نُور سے ہر جادۂ عرفاں ہوا روشن
ہدایت معتبر تمؐ سے، ہدایت ختم ہے تمؐ پر

44

نہ آئے گا جہاں میں پھر کوئی مرسل، نبی کوئی
خلائق کے لئے خالق کی حجت ختم ہے تمؐ پر

خطابِ رحمتِ عالم تمہیں کو زیب دیتا ہے
وہ اعدا پر عنایت، وہ مروت ختم ہے تمؐ پر

تمہارے حکم ہی پر ہے مدارِ حلت و حرمت
نزولِ وحیِ رب کی شان و شوکت ختم ہے تمؐ پر

تمہیں تو ہو معزز میہمانِ لامکاں آقاؐ!
شبِ اسریٰ کی ذی شوکت سیاحت ختم ہے تمؐ پر

شفیع المذنبیں راؔہی فدائی پر نوازش ہو
کہ روز حشر بس حق کی شفاعت ختم ہے تم پر

۱۴

یوں ہو بلند بخت کا اختر رسولِ پاکؐ
میری جبیں ہو، آپؐ کا ہو در رسولِ پاکؐ

عرفانِ ذاتِ بحت کے مظہر رسولِ پاکؐ
حُسنِ ازل کی دید کے منظر رسولِ پاکؐ

ضو بار آسمانِ رسالت کو دیکھئے
انجم رُسل ہیں، ماہِ منور رسولِ پاکؐ

لوح و قلم، زمان و مکان اور لامکاں
اللہ رے سبھی کا مقدر رسولِ پاکؐ

وردِ زباں صلوٰۃ و سلام النبیؐ رہے
کُل کائنات ہوگی مسخر رسولِ پاکؐ

"لبیک" کی صدا ہو لبوں پر دمِ فراق
پیشِ نظر ہو روضہ اطہر رسولِ پاکؐ

طٰہٰ و نٓ آپؐ ہیں یٰسٓ آپؐ ہیں
خلاق کی کتاب مصورِ رسولِ پاکؐ

دیکھا "وَمَا رَمَیتَ" کا اعجاز دہر نے
پھینکے تھے جب کہ آپؐ نے کنکر رسولِ پاکؐ

اک آپؐ ہی کے نامِ مبارک کا لمس ہے
ساری فضا ہوئی ہے معطر رسولِ پاکؐ

اللہ پاک نورِ سماوات و ارض ہیں
اور اس کا عکس نور کے پیکر رسولِ پاکؐ

راہی چلے گا کیسے بھلا راہ چھوڑ کر
فکر و نظر کے آپؐ ہیں محور رسولِ پاکؐ

(۱۴)

خار رشکِ گل بنے، شعلے بھی شبنم ہو گئے
اُن کی وہ چشمِ کرم، اعدا کے سر خم ہو گئے

نورِ حق، شمس الضحیٰ، بدرالدجیٰ کے فیض سے
پیکرِ ظلمت جو تھے نورِ مجسم ہو گئے

کیا کہیں پیراہنِ اقدس کے پیوندوں کا بخت
آپؐ کی نسبت کے صدقے میں مکرّم ہو گئے

جب بھی تھاما آدمیت نے یہ دامن آپؐ کا
زندگی کے ٹوٹے رشتے آپؐ محکم ہو گئے

منتشر تھے سنگ ریزے ایک مدت دشت میں
دستِ معجز کیا لگا ذرّے منظّم ہو گئے

سارے اوصافِ حسیں دریا میں نہروں کی طرح
آپؐ کی اک ذات میں آ آ کے مدغم ہو گئے

رنگ لایا اس طرح درسِ محبت آپؐ کا
دشمنِ جاں تھے عمرؓ فاروق اعظم ہو گئے

آج تک حیراں ہے دنیا آپؐ کے اعجاز پر
کس طرح صحرا نشیں سرتاج عالم ہو گئے

آپؐ کے اک نظم سے تسبیح کے دانوں کی طرح
شوق سے فخر و غنا مربوط باہم ہو گئے

آپؐ کے قدموں میں راحی ہے حیاتِ دو جہاں
آپؐ کا غم کیا ملا کافور سب غم ہو گئے

۱۴

غمِ حبیبِ خدا چاہیے خوشی کے لئے
یہی تو درد کا درماں ہے آدمی کے لئے

شہِ اُمم کے تصدق میں کُل جہاں کا وجود
کھُلی دلیل ہے اعزازِ سروری کے لئے

قدم قدم پہ ضلالت کی دھند چھائی ہے
بس ایک آپ کا جادہ ہے روشنی کے لئے

150

دلِ حزیں میں مچلتی ہے دید کی خواہش
ملے غلام کو یہ بخت اک گھڑی کے لئے

حیاتِ پاک کا اعجاز سرمدی واللہ
ہے اسوۂ حسنہ مفلس و غنی کے لئے

حضور پاکؐ کا لازم ہے اتباعِ تمام
نجات آخرت و نفع دینوی کے لئے

ہے اختلاف کے نرغے میں اُمّت بیضا
دُعا حضور کریں ربطِ باہمی کے لئے

نقوشِ پائے مقدس کو چُوم لے راہیؔ
نصیب چاہیئے مولا کی بندگی کے لئے

١٧

کرم تھا مہربانی تھی، خدا کی خاص رحمت تھی
ولادت مصطفیٰ کی دونوں عالم کی سعادت تھی

وہاں کی شام کو رشکِ سحر حضرت نے کر ڈالا
جہاں کی صبح تیوسے خجل ہر لیلِ ظلمت تھی

بلاغت جان دیتی تھی ذرا سی جنبشِ لب پر
خموشی آپؐ کی اُمّی لقب، لبریز حکمت تھی

کمالِ اتحادِ ظاہر و باطن کا کیا کہنا!
تری سیرت ہی صورت تھی، تری خلوت ہی جلوت تھی

سمٹ کر آگئی یکجا یدِ فطرت کی پرکاری
تری اک ذات بس شہ پارہ تخلیقِ قدرت تھی

رُخِ وَالشّمس پر وَالّیل کے گیسو کا کیا کہنا!
خدا خود تجھ پہ شیدا تھا خدائی محوِ حیرت تھی

کیا راؔہی وہیں سے آدمیت کو عیاں اس نے
جہاں ہر سو تشدد تھا حقارت تھی، عداوت تھی

۱۸

اصلِ دیں، حاصلِ ایماں ہیں رسولِ اکرمؐ
لاوِحق، منزلِ عرفاں ہیں رسولِ اکرمؐ

فخرِ داؤدؑ و سلیماںؑ ہیں رسولِ اکرمؐ
نازشِ یوسفِؑ کنعاں ہیں رسولِ اکرمؐ

آپؐ کی ذات کے صدقے ہے رسالت کی عطا
کُل رُسل آپؐ پہ قرباں ہیں رسولِ اکرمؐ!

انبیاء میں ہے کوئی ماہ تو کوئی انجم
رشکِ خورشیدِ درخشاں ہیں رسولِ اکرمؐ

بوسۂ اسمِ مُقدس کا کرشمہ واللہ
بام و درِ فکر کے تاباں ہیں رسولِ اکرمؐ

شاہِ "لولاک" فقط جانِ دوعالم ہی نہیں
وحدتِ حق کے بھی عنواں ہیں رسُولِ اکرمؐ

عرقِ جسمِ مطہّر کی مہک کیا کہیے۔!
مشک و عنبر بھی پریشاں ہیں رسُولِ اکرمؐ

آپؐ کی کملی کا پھر سایہ عطا ہو ہم کو،
پھر سے ہم بے سروساماں ہیں رسُولِ اکرمؐ

اب نہ اندیشۂ دنیا ہے نہ خوفِ عقبیٰ
آپؐ راہیؔ کے نگہباں ہیں رسُولِ اکرمؐ

۳۱

تمنائے ہر دل، دیارِ مدینہ
ہے رشکِ ارم لالہ زارِ مدینہ

یہ خوابگاہِ حبیبِ خدا ہے
یہی باعثِ افتخارِ مدینہ

یقیناً ہے اعجازِ قربت یقیناً
منور ہیں قربِ جوارِ مدینہ

زمیں کیوں نہ قسمت پہ اپنی ہو نازاں
کہ عرشِ بریں ہے نثارِ مدینہ

چلو دامنِ دل مرادوں سے بھر لیں
یہ دیکھو، درِ تاجدارِ مدینہ

غمِ زندگی! اپنے چہرے پہ مل لے
مقدر کا غازہ غبارِ مدینہ

شہِ دو جہاں! رحم کی بھیک دیجے
بہت سخت ہے انتظارِ مدینہ

یہاں سر کے بل چل کے آتے ہیں راہی
مقامِ ادب رہگذارِ مدینہ

۴۰

جو گھڑی آپ کی قربت میں بسر ہوتی ہے
درحقیقت وہی معراجِ بشر ہوتی ہے

کورچشموں نے اسے عیب کہا بھی تو کیا
پیروی آپؐ کی لاریب ہُنر ہوتی ہے

سر کے بل جو بھی چلے روضۂ انور کی طرف
کہکشاں اس کے لئے راہ گزر ہوتی ہے

آپؐ کے ہجر میں روتی ہوئی آنکھوں کی قسم
آنسوؤں کی یہ لڑی سلکِ گہر ہوتی ہے

شب دیجور نہ کیوں بقعۂ انوار بنے
رُخِ زیبا کی جھلک رشکِ قمر ہوتی ہے

درِ اقدس کہ جہاں بٹتی ہے دارین کی بھیک
جبہ سائی بھی وہاں زینتِ سر ہوتی ہے

زلفِ واللیل پہ وارفتہ ہوئی شامِ حسیں
روئے والشمس کے صدقے میں سحر ہوتی ہے

زینتِ لب ہو اگر سرورِ کونین کا نام
پھر تو ہر ایک دُعا رُو بہ اثر ہوتی ہے

دونوں عالم کی سعادت اسے ہو جائے نصیب
جس پہ سرکارِ دو عالم کی نظر ہوتی ہے

شاہِ کونین کے انفاس کی تاثیر تو دیکھ
ریگزاروں کی فضا خُلد نظر ہوتی ہے

پھر تو راہیؔ کو کوئی غم ہے نہ کوئی یاس وہراس
آپؐ کی یاد جو ہمراہِ سفر ہوتی ہے

نظمیں

لبوں پہ مہر تھی، آنکھوں میں شمع تھی روشن
عجیب لمحۂ اظہار میں پیمبر تھا

61

۱

معنی ــ بے معنی

مرنا جینا کھیل ازل کا

پیدا ہوگا مرنے کو،

بچہ ہی تو بوڑھا ہوگا!

وہ پیدا نہ ہوا،

بچہ نہ بنا۔

بوڑھا نہ ہوا

وہ! ہر لمحہ کا مالک

ہر پل پر حاوی

ساری ہونی، ان ہونی

اس کے آئینہ میں

میں بھی اس کا آئینہ!!

میں اس میں نہاں ہوں۔

وہ مجھ میں عیاں ہے،

62

میں اس کی شان

وہ میری جان،

میں اس کی مرضی

اس کی چاہ

وہ میری آنکھ

میرا ہاتھ، میرا پاؤں،

میں اس کا سلطان

وہ میرا برہان

آپس کا یہ رشتہ،

کب سے ہے؟

یوں ہی رہے گا کب تک؟!

نورانی میں،

وہ ہے نور

قلب ہوا ہے اس سے طور

وہ جلوہ ہے

63

میں پردہ ہوں

وہ چھپتا ہے.

میں دستا؏ ہوں

میری دُعا وہ،

اُس کی جزا میں،

مجھ میں اُس میں کیا رشتہ ؟ !

کوئی جانے، پہچانے،

مجھ کو تو بس ایسا لگتا ہے،

وہ تو سراپا "معنیٰ" ہے

میں اک "شیئی بے معنیٰ"

؏ دستا بمعنی نظر آنا (دکنی لفظ)

۲

دعویٰ مع الدلیل

اُس کی روحِ اطہر میں
کائناتِ رنگیں ہے
عرش و فرش کے جلوے
چشمِ فکر کے تارے
شوقِ بے پناہی کا
وصف لامکانی ہے
حُسن کاریٔ جنت
حدّت جہنم بھی
نفس کے اُتارے ہیں
رنج و غم کے گُل بوٹے
اس کے دامنِ دل پر
خوش نگاہ ہیں جیسے

65

آسماں کے بازو پر

کہکشاں کے زیور ہوں.

جُملہ دولتِ دارین

اس کی حبیب ہستی میں

اس طرح سے رکھی ہے

جیسے کوئی جگنو ہو

غم کی بند مٹھی میں،

اے شناورِ قلبی!

ڈوب جاؤ باطن میں،

دُرِّ آرزو کوئی

ڈھونڈ کر اٹھالاؤ

تاکہ دعوئے بے حس

خیر و شر کے فاضل کا

اپنے آپ مرجائے!!

۳

سنگ دِلی

(ثُمَّ قَسَتْ قُلُوبُکُم مِّن بَعْدِ ذَالِکَ
فَهِیَ کَالْحِجَارَةِ اَوْ اَشَدُّ قَسْوَةً۔ قرآن)

اُن کے دل جیسے پتھر،

بلکہ اس سے بھی بدتر،

کچھ تو نمی ہے پتھر میں،

خشک لہو ہے اس گھر میں،

پتھر ہیں کچھ ایسے ہیں،

جن کی رگوں سے

پاکیزہ، شیریں نہریں بہتی ہیں،

فیض رسانِ خلقِ خدا ہیں،

سنگ بھی کیا انساں سے جُدا ہیں؟!

پتھر ہیں کچھ ایسے ہیں،

جن کا سینہ چاہِ زم زم

67

ذرہ ذرہ شبنم شبنم

تشنہ لبوں کا ماوی، ملجیٰ،
تن من کا ہے جیون دھارا،
پتھر میں کچھ ایسے ہیں،
خوفِ خدا سے گر پڑتے ہیں،
اس کی مالا جپتے ہیں،
اس کا نام ہی رٹتے ہیں،
لیکن! جو دل پتھر ہیں
شر و فتن کے اجگر ہیں
خون بہانا، آگ لگانا
رنگ جمانا، خاک اڑانا
بائیں ہاتھ کا کھیل ان کا ہے
وہ شیطان کے بھی رہبر ہیں،
یہ دل کس خوش قسمت کے ہیں؟
کس مذہب کے ہیں؟

کس منصب کے ہیں؟
کس جاہ وحشمت کے ہیں؟
کس شان وشوکت کے ہیں؟
یہ دل کس خُوش قسمت کے ہیں؟؟

(۴)

تخمِ نارسیدہ

حسبِ سابق
اس نے پہلے ہل چلایا
بیج بویا،
پھر بصدقِ دل دُعا کی
خالقِ اعمالِ کل!
کم سے کم
اب کے سہی
خواہشوں کی کوکھ ہی سے
مجھ کو اک معصوم پودا کر عطا
حسبِ خواہش
بطنِ گیتی سے
حسین پودا نکل آیا

تو پھر
اس نے لہو سے اپنے
اس کی آبیاری کی،
شفقتوں کی کھاد ڈالی،
اس کو آنکھوں میں بسایا،
رات دن اس کی حفاظت کی۔
وہ پھلا پھولا
تناور پیڑ کی صورت
زمیں پر چھا گیا،
پھر تو اب!
اس کے گھنے سائے میں
بچّے کھیلتے
بوڑھے مجالس منعقد کرتے
اس کی باہوں میں
پرندے جھولتے،

الغرض!
سب کی خاطر وہ درخت،

برکتوں والا درخت

سر سے پا تک

فیض بخشِ زندگی تھا،

ہاں! مگر

وہ شخص جس نے

اس کو پالا تھا کبھی

خونِ جگر سے

اب نہ جانے کیوں؟

گھنا سایہ

اسے یوں ڈس رہا تھا

جیسے وہ کوئی

ازل کا بوجھ ہلکا کر رہا ہو

اس کے حق میں
پھل سبھی تھے
تلخ و ترش،
گُل بھی تھے
بے رنگ و بو
نفرتوں کی ڈالیاں تھیں،
وسوسوں کی پتیاں،
اس رویہ پر شجر کے
جب کبھی وہ
سوچنے لگتا
کوئی چپ کے سے یہ کہتا
ذرا دیکھو!
کہیں یہ "بیج"
مانگے کا اجالا تو نہیں!!

۵

معجزہ

ایک قاتل!
مشک و عنبر میں لہو
حل کر رہا ہے!!
تاکہ دنیا
یہ گواہی دے سکے
اس نے جو کچھ
کر دکھایا،
"معجزہ" سے
کم نہ تھا!!

۶

کچھ تو آخر سوچنا ہے

بند مٹھی میں ہے دستِ ناتواں کے

عظمت و تقدیسِ رفتہ کی نشانی

زرد چنگاری!

شدتِ احساس کے باعث

ذرّۂ خورشید

کوہِ آتشیں صورت

زخمہائے اندروں میں

شعلہ زن ہے!

شش جہت کی انگلیوں سے

اُگ رہے ہیں قہقہے،

اف! تعفن آشنا آب و ہوا

کاسۂ رعب و حمیت کی گرفت

مضمحل ہونے لگی،

ہاں تو کیا

بند مٹھی کھول دیں !؟

اس شرارِ جاں گسل کو

پھینک ڈالیں !؟

عظمت و تقدیس کی واحد علامت

ذمّہ نابود کردیں !؟

دولت نایاب

خاک آلود کردیں !؟

"کچھ تو آخر سوچنا ہے"

۷

ظَہَرَ الفَسَادُ

فسادِ بحر و بر سے
چشم عبرت وا نہ ہوگی ؟
دراں حالیکہ اس نے
(وفورِ السیت میں)۔
ظالم و جاہل پکارا تھا،
مقامِ مور اونچا،
وقارِ زاغ اعلیٰ
نگاہِ دہر میں اَحْسن
سگ و خنزیر ٹھہرے ہیں
فسادِ بحر و بر سے
چشمِ عبرت وا نہ ہوگی ؟!

دراں حالیکہ اس نے

(مکمل ذمہ داری سے)

شرف بخشا ہے اپنی جانشینی کا،

مگر! جاہل،

محبت کی غلط تعبیر کرتا ہے

خود اپنے ہاتھ سے

دوزخ بناتا ہے!

فسادِ بحر و بر سے

چشمِ عبرت وا نہ ہوگی ؟!

مہ ظہر الفساد فی البر والبحر الخ۔ خشکی اور تری میں جو کچھ فساد برپا ہے وہ انسانوں کے کرتوت کا نتیجہ ہے۔ قرآن

۸

وَاعْتَصِمُوْا[1]

"خدا کی رسی کو تھام لو تم بزورِ بازو"

خدا کی رسی میں کتنے بل ہیں؟
ہزار ریشوں سے یہ بٹی ہے!
خدا ہی جانے!!
ارے تو ہاں
وہ سلگتے ہاتھوں کے
نیلے ناخن بھی جانتے ہیں،
جنھوں نے رسی کے بل نکالے،
ہر ایک ریشہ کو پھونک ڈالا!
مگر ہیں تو
قرونِ اولیٰ کے
سادہ لوحوں نے یہ خبر دی،

(۱ء آیت قرآنی کا حصہ)

79

"خلوص نیت، بقائے باہم"
یہ دونوں جوہر
خدا کی رسی کے ہیں عناصر
(خدا نے شاید انھیں بتایا)
مجاورِ تربتِ خرد نے
صداقتوں پر دلیل مانگی!
پر از تحیر طویل سکتہ
ملا جواباً،
یہ سُن کے جھٹ سے
سیاہ لوحِ شرر کے منہ سے
غرور پھوٹا،
اَنا کی دوزخ کا تیر چھوٹا
عقیدوں کا کرشمہ جھوٹا
جلی ہے رسی پہ بل نہ نکلا!!

80

۹

ایڈس (AIDS)

صدیوں پیشتر
صحرا کی تاریکی سے
نورانی آواز اٹھی تھی،
لوگو!
کوئی بیماری
مثلِ صرصر
آتش بردوش نہیں ہے،
متعدی امراض نہیں ہیں؏،
ہاں البتہ !!
اچھی عادت
گنگا جل ہے،
گندی خصلت ہے دلدل
جیسی صحبت ویسا پھل

؏ لَا عَدْوٰی وَلَا طِیَرَۃَ فِی الْاِسْلَامِ۔ متعدی بیماری اور بدفالی اسلام میں نہیں، (حدیث)

81

ذہن و دل اقراری ہیں،

کون حقیقت انکاری ہے؟!

تاہم

دنیا کے سوکھے لب پر

مدت سے

یہ الفاظ ہیں جاری

متعدی امراض فقط ہیں.!

متعدی اخلاق نہیں!!

عادات نہیں!!!

۱۵

عالمِ اصغر

اک ابتدا
شقُ القمر،
اک انتہا
شقِ زمیں
دونوں کے بیچوں بیچ ہے
فکر و بصیرت کی خلا،
ربِّ تعالیٰ! بخشئے،
اک بار اور
حضرت نوحؑ کے
پُر درد لفظوں کو جِلا،
پھر زلزلے آئیں،
سیہ آندھی چلے،

۸۲

طوفان اٹھے،

بجلی گرے،

لیکن خدایا،

اب کے بس

اتنا کرم فرمایئے

ان سب کی منزل

سب کا گھر

بے جان و بے حس

"عالمِ اصغر" ہے!

بے چارہ، بے کس

"عالمِ اکبر"

بہت معصوم ہے!

۱۱

خود غرضی

میں اپنا گھر
بہر قیمت
بلا سے پاک رکھوں گا
میں اپنے ہاں
غبار و گرد
جمنے ہی نہیں دوں گا

یہ گرد اڑ کر
پڑوسی کے در و دیوار کی
زینت بنے،
میری بلا سے!
یا فلک کا منہ چڑھا کر
گھر کی چھت پر
منہ کے بل گر جائے
مجھے اس کی نہیں پروا!
مجھے تو بس،
بہر قیمت
یہ اپنا گھر
بلا سے پاک رکھنا ہے۔

۱۲

نقرئی ہڈیاں

جس گھڑی
آنکھ خدشات کی لگ گئی

خواب

بھوکے درندوں کی مانند

ہر سمت سے

مردہ احساس پر

جا گرے،

شور سے

دفعتاً

آنکھ خدشات کی کھل گئی،

اک بہ اک

سب درندے

نہ جانے کہاں کھو گئے!؟

صرف پر ہول سکتہ

فضاؤں میں تھا،

ہاں! مگر

دور تاریکیوں میں

جو ہیں

جگنوؤں کی طرح

شاخِ اُمید پر

تمنا نے دیئے،

دیکھئے!

کیا یہی

انجم بخت ہیں؟!

یا کسی

مردہ احساس کی

"نقرئی ہذیاں"

۱۴

ماضی

کل جو گزرا
وہ ہیولا روشنی کا ہوگیا،
کل جسے ماضی کہو گے
وہ مجسّم نُور ہے،
اقتباسِ نُور کرلو!
ہے اسی میں عافیت،
حال ہے،
اک بے وفا،
وحشی پرندہ
اس پہ تکیہ مت کرو!
فکرِ مُستقبل ہے لاحق؟
وہ تو بس

ظلمت نشان

ہے مَوضعِ وہم وگماں
واں سجھائی
کچھ نہ دے گا !
بختِ بد سے
اس کی تاریکی اَشَد
بے بصارت چشمِ ایقاں
بے بصیرت ہے خِرد
غیرظاہر
اس کا باطن
غیر روشن خد وخال ،
اس لئے
میری سنو !
اقتباسِ نور کرلو ،
شمع ماضی کی جلاؤ

90

راہِ مُستقبل تلاشو،

کون کہتا ہے
کہ ماضی
بیکراں تاریکیوں میں
اک متاعِ گمشدہ

ایسا نہیں
ہرگز نہیں
تم جسے ماضی کہو گے
وہ مجسم نُور ہے۔

۱۴

جہلِ مرکب

عظمت و فخر کی
صاف و شفاف چادر پہ
جو داغ
روشن ہیں
وہ
علم و عرفاں کے
پر تو ہیں،
یا
جہل و غفلت کا
نقش حسیں۔

۱۵

دائرہ

(صدیقی رفعت ملک کے لئے)

دھوپ انگلی پکڑ کے لائی تھی

سایہ سایہ وجود تھا اس کا

زخمِ احساس

رس رہا تھا یوں

جیسے

جگنو کے تن سے انگارے

●

شام ہوتے ہی

رنگ و نور میں گم

ریشہ ریشہ ہوا

خمار آگیں

خواب زاروں میں

گھوم پھر کر جب

گھر جو لوٹا

تھکن کی راہوں پر

چلتے چلتے گرا وہ

مثلِ ثمر،

اور

ایسا ہوا کہ پھر اس کو

دھوپ

انگلی پکڑ کے لائی ہے۔

۱۶

نیرنگی

اُجلی بلّی
کالا چوُہا
وحشی کُتّا
سب کو نیلی بھوک
ستاتی ہے،
سب الٹے برتن میں
کھانا کھاتے ہیں،
تم بھی
بے رنگ فرشتے ہو تو
جھوٹے برتن دھوتے کیوں ہو؟
سوکھی خواہش کھاتے کیوں ہو؟؟

۱۷

کَبَرَنِی مَوتُ الکُبَراءِ

جانو، مانو،

میری عظمت پہچانو،

ساکت، صامت،

اندھے، گونگے بن کر،

حکم مرا سر آنکھوں پر رکھ کر،

صدق دلی سے

میرا کہنا مانو

میری عظمت پہچانو

حرکت سے بت بن جاؤ گے

آنکھ کھلی تو بہہ جائے گی،

حکم عدولی
وصفِ شیاطیں

تم ہو آخر میرے فرشتے

96

یہ کیا ؟

"کَبَّرَنِی مَوْتُ الْکُبَرَاء"

اونچے مناروں کا صدقہ

یہ ہے اک رازِ نہفتہ،

خیر!

تمہیں اس سے کیا لینا دینا،

بس،

تم اوقات اپنی جانو

میری عظمت پہچانو!!

(ع: بڑوں کی موت نے مجھے بڑا بنا دیا)

۱۸

نگاہِ معکوس

کنویں کے تم بھی کیوں

مینڈک بنے بیٹھے ہو دیوانو!

اتارو خول
بے معنی تعصب کا

اٹھو!

اونچے اڑو!

آکاش پر پہنچو!

کرو نظارہ گیتی کا

وہ دیکھو!

آگ کا دریا

کہ جس کی احمریں لہروں میں

کتنی تابناکی ہے!!
یہ منظر شہر و قریہ کا

منوّر کس قدر ہے
شعلگی سے،
شراروں سے
فضا دلکش ہوئی کیسے؟
یہ دھرتی بھی
ستاروں کی ڈگر جیسے!
رموزِ سلطنت تو
خسرواں جانیں
تمہیں اہلِ خرد سے
بدظنی کیسی؟
غلط فہمی مٹادو
بدل دو زاویہ
بے رنگ سوچوں کا

99

خنانزیرو سارس کو بھگادو
سگِ احساس کو
خاموش کردو
بھلا تھامے رہو گے
انگلیاں کب تک
حمیّت کی ؟
چلو !
چھوڑو ،
کنویں کے تم بھی کیوں
مینڈک بنے بیٹھے ہو
دیوانو !!

۱۹

انتظار

گھنے روشن
درختوں کی
مہک جاگی،
نہ جانے کیوں
ہر اک ڈالی
بھیانک اژدہا بن کر
خود اپنے
گُل، ثمر، غنچے
نگلنے لگ گئی

دہشت زدہ آب وہوا
لرزیدہ خاطر ہے فضا،
اے کاش!
ایسے میں
اچانک
"برگِ نادیدہ" کوئی
ان ڈالیوں کے
بطنِ عریاں سے
مثالِ پنجۂ شبلی
اُبھر آتا!!
بقائے باہمی کا
درس دیتا!!
وجود خار کی
حرمت کا اندازہ ہوا ہوتا

۲۵

اَلمیہ

رنگ برنگی
خوشیوں سے
روٹھ ہوئی بہار
نیلے پیلے
جلووں سے
ذہن ہوا بیزار
دھن دولت کے
آنگن میں

کوئی نہیں سرشار
بے تابی کے برف میں کھویا
کرنوں کا فن کار
ذوق ہے بھوکا
شوق ہے پیاسا
نیم برہنہ پیار،
صدیاں بیتیں
منظر گھومے،
محور بدلے،
لیکن! پھر بھی
تیز ہی ہے رفتار

۲۱

بد گہر

نور کا پھندا گلے میں

نفرتوں کا سُرمئی ہالا

ہے بدن کے اِرد گِرد

رُوح بھی

زنجیر پا ہے

لذتِ انوار سے

محروم ہیں

احساس کے کام و دہن،

سبز ملبُوسات میں ہے

منبعِ فکر و نظر

مثلِ حنظل

زہد و تقویٰ

علم و فن

مثلِ سراب
عین ممکن
اُگ سکے
پھولے پھلے
زندہ رہے
بے سود دلدل میں کنول۔
لیکن!
سرے سے
چشمۂ تیزاب میں
ممکن نہیں
ہرگز نہیں!!

۲۲

بارِ گراں

آسمان و زمین

اور دشت و جبل

سب زکی تھے،

خبردار تھے،

بوجھ اٹھانے پہ

ہرگز نہ تیار تھے

ہاں! مگر

ایک اندھا جو تھا عقل کا

اپنی اوقات کو بھول کر

سر پہ اپنے

امانت کا بارِ گراں لاد کر

شاد ہوتا رہا!!

ایک مدت کے بعد

فکر بالغ ہوئی

ہوش کے اس نے
ناخن لئے،
بوجھ کی وجہ سے
مستقل دردِ سر
اس کو رہنے لگا
تنگ آکر
(بطور علاج)
اس امانت میں
تھوڑی خیانت کی
اس نے شروعات کی!!
آخرش! ایک دن
اس کو محسوس ایسا ہوا
اس کا سر ہی نہیں
بلکہ سارا وجود
جیسے بے وزن ہے اور بیکار ہے

۲۴

گرما

گرم ہیں آسمان و زمیں
گرم آب و ہوا،
سایۂ بام و در گرم ہے،
اک حجر کیا شجر گرم ہے،
غنچہ و برگ و شاخ و ثمر گرم ہے،
گرم ہے کس قدر
کائناتِ حسیں!!
اُف!
زمان و مکاں
گرم ہے!
سانس کا
ہر سفر گرم ہے!

سر تا پا تک

بشر گرم ہے،

گرم ہیں

مکر و سازش کی

بے باکیاں

گرم

غیض و غضب کی توانائیاں،

گرم ہے

جذبۂ انتقام

گرم قدرت کا

کامل نظام

ہاں! مگر

110

گرمیٔ زیست میں

سرد ہے

اک متاعِ گراں،

زندگی کا نشاں!

ذرّے ذرّے میں

جس سے ہیں رنگینیاں!

تابناکی ہے

جس کی

منوّر ہیں

فکر و نظر کی یہ تاریکیاں،

ہاں! وہی

رقصِ جنسِ نہاں

سرد ہے!!

یعنی

انسان کی روح و رواں

سرد ہے۔